AF194978

Impressum
Verlag: BABADADA GmbH, Nedderfeld 112 , 22529 Hamburg
Geschäftsführer / Verlagsleitung: Harald Hof
Druck: Books on Demand GmbH, In de Tarpen 42, 22848 Norderstedt

Imprint
Publisher: BABADADA GmbH, Nedderfeld 112 , 22529 Hamburg, Germany
Managing Director / Publishing direction: Harald Hof
Print: Books on Demand GmbH, In de Tarpen 42, 22848 Norderstedt

el aula
教室

dividir
除

186/2

el pizarrón
黑板

el patio de la escuela
校園

el maestro
老師

el papel
紙

escribir
書寫

la birome
筆

el escritorio
辦公桌

la regla
直尺

el libro
書

el alumno
學生

la mochila

書包

la caja de lápices

鉛筆盒

el lápiz

鉛筆

el sacapuntas

削鉛筆機

la goma (de borrar)

橡皮擦

el bloc de dibujo

畫板

el dibujo
圖畫

el pincel
畫筆

la caja de pinturas
顏料盒

la tijera
剪刀

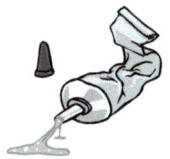

el pegamento
膠水

el cuaderno de ejercicios
練習冊

la tarea
家庭作業

12

el número
數字

2+2

sumar
加

5-2

restar
減

2×2

multiplicar
乘

calcular
計算

A

la letra
字母

ABCDEFG
HIJKLMN
OPQRSTU
VWXYZ

el abecedario
字母表

hello

la palabra
字

el texto

課文

leer

讀

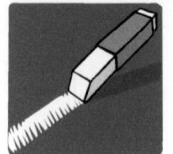

la tiza

粉筆

la lección

上課

el cuaderno de clase

登記

el examen

考試

el certificado

證書

el uniforme escolar

校服

la educación

教育

la enciclopedia

百科全書

la universidad

大學

el microscopio

顯微鏡

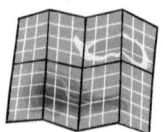

el mapa

地圖

el tacho (de basura)

廢紙簍

el viaje
旅行

el hotel
飯店
Grand
el hostel
青年旅社
ROOMS
la casa de cambio
外幣兌換處
la valija
手提箱
el auto
汽車

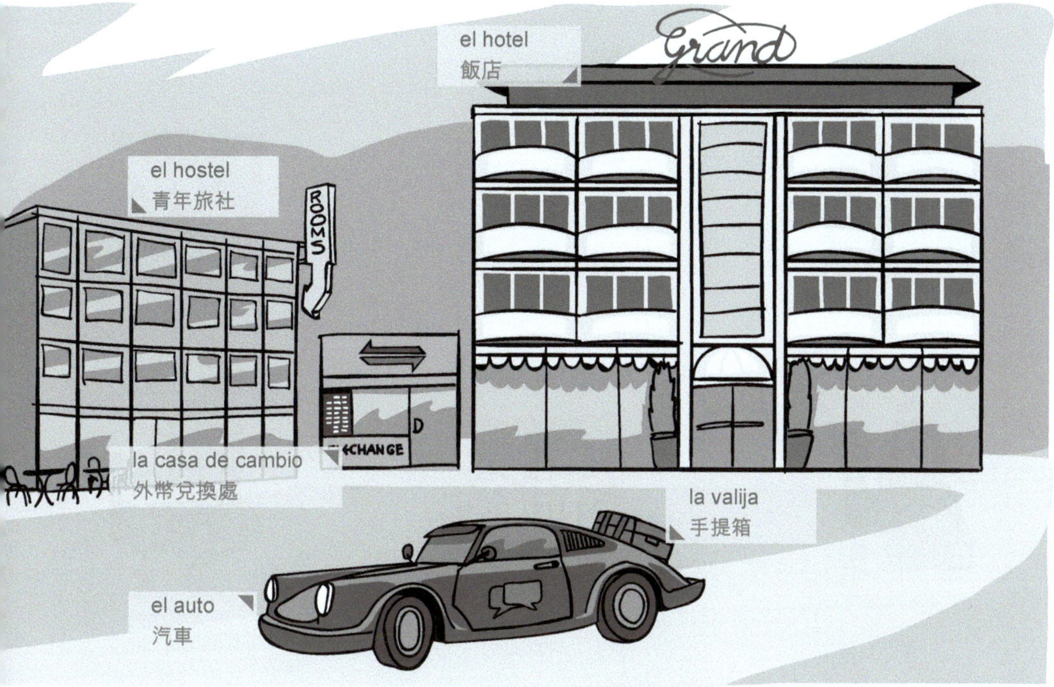

el idioma

語言

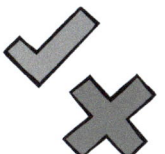

sí / no

是/否

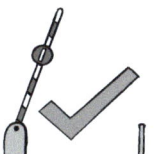

Está bien

好的

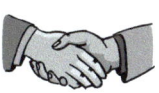

hola

您好

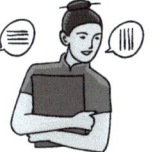

el traductor

翻譯人員

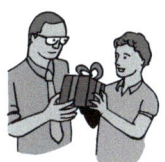

Gracias

謝謝

¿cuánto cuesta...?

......多少錢？

No entiendo

我不明白

el problema

問題

¡Buenas tardes!

晚上好！

¡Buenos días!

早上好！

¡Buenas noches!

晚安！

el adiós

再見

la dirección

方向

el equipaje

行李

el bolso

包

la mochila

背包

el invitado

客人

la habitación

房間

la bolsa de dormir

睡袋

la carpa

帳篷

la información turística

旅行資訊

la playa

海灘

la tarjeta de crédito

信用卡

el desayuno

早餐

el almuerzo

午餐

la cena

晚餐

el pasaje

票

el ascensor

電梯

el sello

郵票

la frontera

邊界

la aduana

海關

la embajada

大使館

la visa

簽證

el pasaporte

護照

el transporte
交通運送

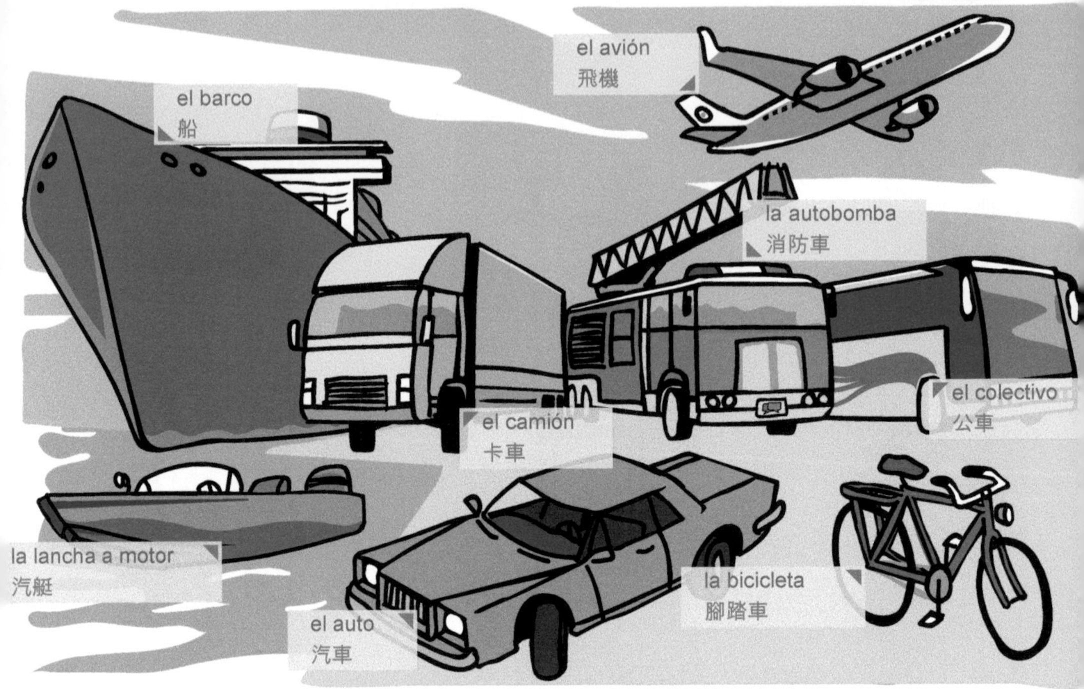

el avión
飛機

el barco
船

la autobomba
消防車

el camión
卡車

el colectivo
公車

la lancha a motor
汽艇

el auto
汽車

la bicicleta
腳踏車

el ferry

渡輪

el bote

小船

la moto

機車

el patrullero

警車

el auto de carreras

賽車

el auto de alquiler

租車

el alquiler de autos

拼車

la grúa

拖車

el camión de la basura

垃圾車

el motor

馬達

la nafta

汽油

la estación de servicio

加油站

la señal de tránsito

交通標識

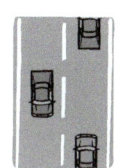

el tránsito

交通

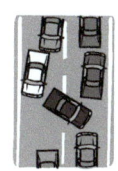

el embotellamiento

交通堵塞

el estacionamiento

停車場

la estación de tren

火車站

las vías

軌道

el tren

火車

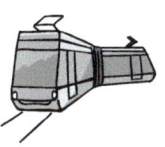

el tranvía

路面電車

el vagón

客車廂

el helicóptero

直升機

el aeropuerto

機場

la torre

塔

el pasajero

乘客

el contenedor

集裝箱

la caja de cartón

紙板箱

la carretilla

手推車

la canasta

籃子

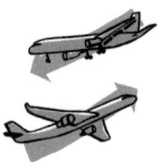

despegar / aterrizar

起飛/降落

la ciudad

城市

el pueblo

村莊

el centro de la ciudad

市中心

la casa

房子

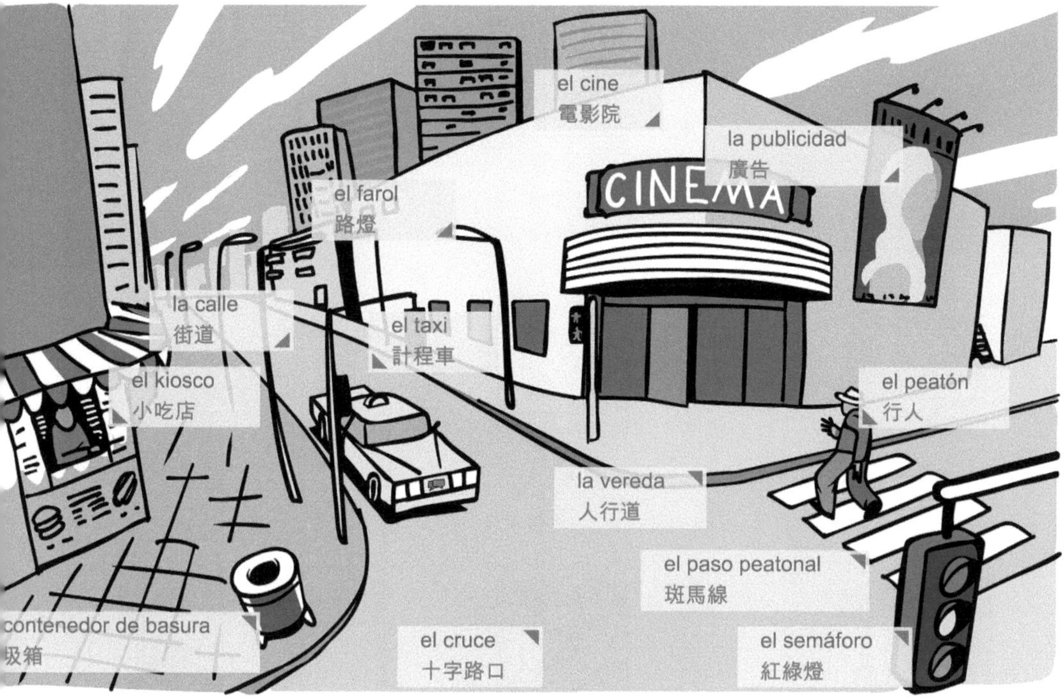
el cine
電影院
la publicidad
廣告
CINEMA
el farol
路燈
la calle
街道
el taxi
計程車
el kiosco
小吃店
el peatón
行人
la vereda
人行道
el paso peatonal
斑馬線
contenedor de basura
圾箱
el cruce
十字路口
el semáforo
紅綠燈

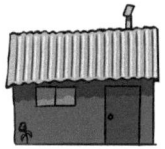

la cabaña

小屋

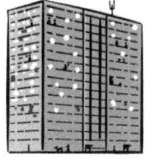

el departamento

公寓

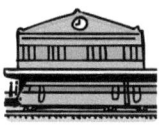

la estación de tren

火車站

la municipalidad

市政廳

MUSEUM

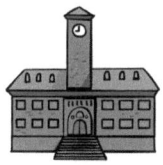

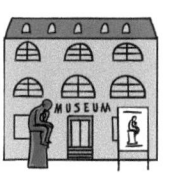

el museo

博物館

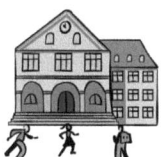

el colegio

學校

la universidad

大學

el banco

銀行

el hospital

醫院

el hotel

飯店

la farmacia

藥房

la oficina

辦公室

la librería

書店

el negocio

商店

la florería

花店

el supermercado

超市

el mercado

市場

las grandes tiendas

百貨商店

la pescadería

魚店

el centro comercial

購物中心

el puerto

海港

el parque

公園

el banco

長凳

el puente

橋

las escaleras

樓梯

el subte

捷運

el túnel

隧道

la parada del colectivo

公車站

el bar

酒吧

el restaurante

餐館

el buzón

郵筒

el letrero

路標

el parquímetro

停車計時器

el zoológico

動物園

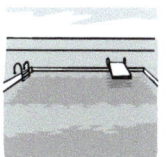

la pileta

游泳池

la mezquita

清真寺

la ciudad - 城市

la granja

農場

la contaminación

污染

el cementerio

墓地

la iglesia

教堂

los juegos infantiles

操場

el templo

寺廟

el paisaje

地形

la hoja
樹葉

el poste indicador
指示牌

el camino
路

la pradera
草地

la piedra
石頭

el árbol
樹

el excursionista
徒步旅行者

el río
河

la hierba
草

la flor
花

el paisaje - 地形

el valle

峽谷

la montaña

丘陵

el lago

湖

el bosque

森林

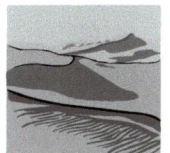

el desierto

沙漠

el volcán

火山

el castillo

城堡

el arco iris

彩虹

el champiñón

蘑菇

la palmera

棕櫚樹

el mosquito

蚊子

la mosca

蒼蠅

la hormiga

螞蟻

la abeja

蜜蜂

la araña

蜘蛛

el escarabajo

甲蟲

la rana

青蛙

la ardilla

松鼠

el erizo

刺蝟

la liebre

野兔

la lechuza

貓頭鷹

el pájaro

鳥

el cisne

天鵝

el jabalí

野豬

el ciervo

鹿

el alce

麋鹿

la presa

水壩

el aerogenerador

風力發電機

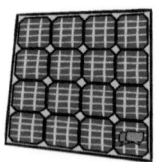

el panel solar

太陽能電池板

el clima

氣候

el paisaje - 地形

el restaurante
餐館

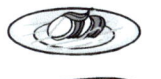

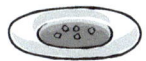

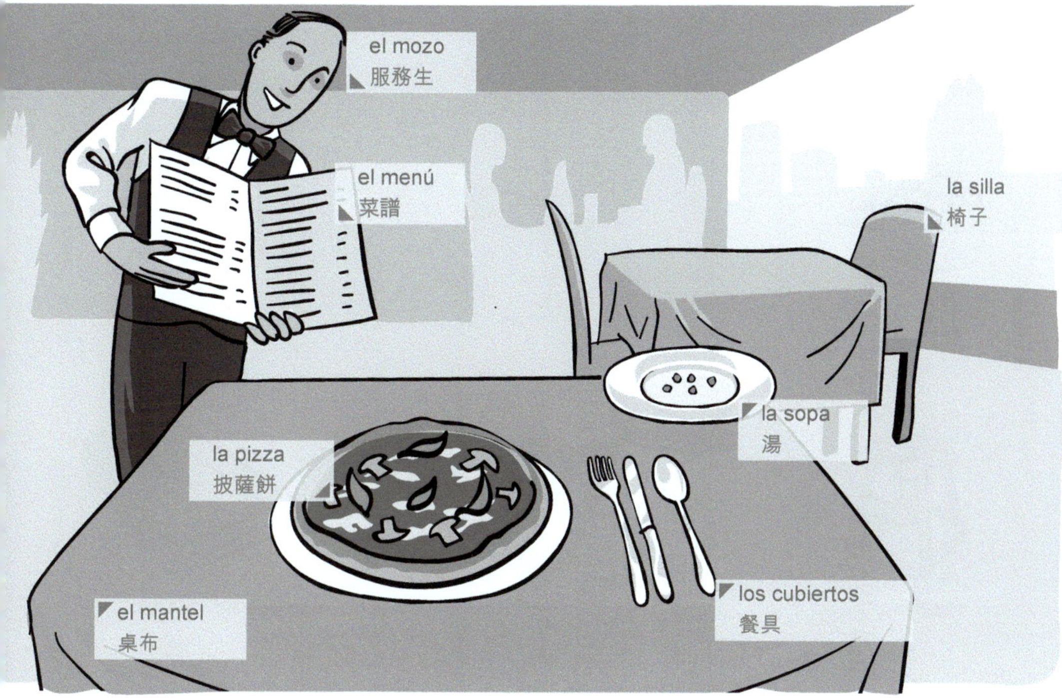
el mozo
服務生
el menú
菜譜
la silla
椅子
la sopa
湯
la pizza
披薩餅
los cubiertos
餐具
el mantel
桌布

la entrada

前菜

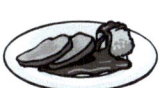

el plato principal

主菜

el postre

甜點

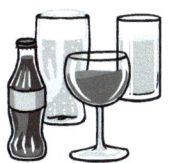

las bebidas

飲料

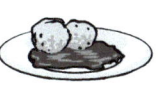

la comida

食物

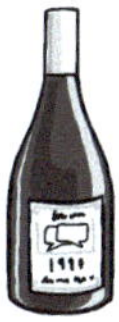

la botella

瓶子

la comida rápida

速食

la comida callejera

街邊小吃

la tetera

茶壺

la azucarera

糖盒

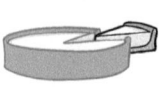

la porción

一份飯菜

la cafetera expreso

義式咖啡機

la sillita alta

高腳椅

la cuenta

帳單

la bandeja

托盤

el cuchillo

刀

el tenedor

餐叉

la cuchara

勺子

la cucharita

茶匙

la servilleta

餐巾

el vaso

玻璃杯

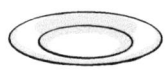

el plato
碟子

el plato hondo
湯盤

el plato
碟子

la salsa
醬

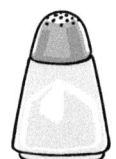

el salero
鹽瓶

el molinillo de pimienta
胡椒研磨罐

el vinagre
醋

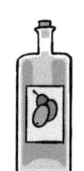

el aceite
食用油

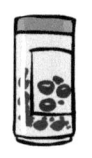

las especias
調味料

el kétchup
番茄醬

la mostaza
芥末

la mayonesa
美乃滋

el supermercado

超市

la oferta especial
特價
FOR
el cliente
顧客
los lácteos
乳製品
la fruta
水果
el changuito
購物車

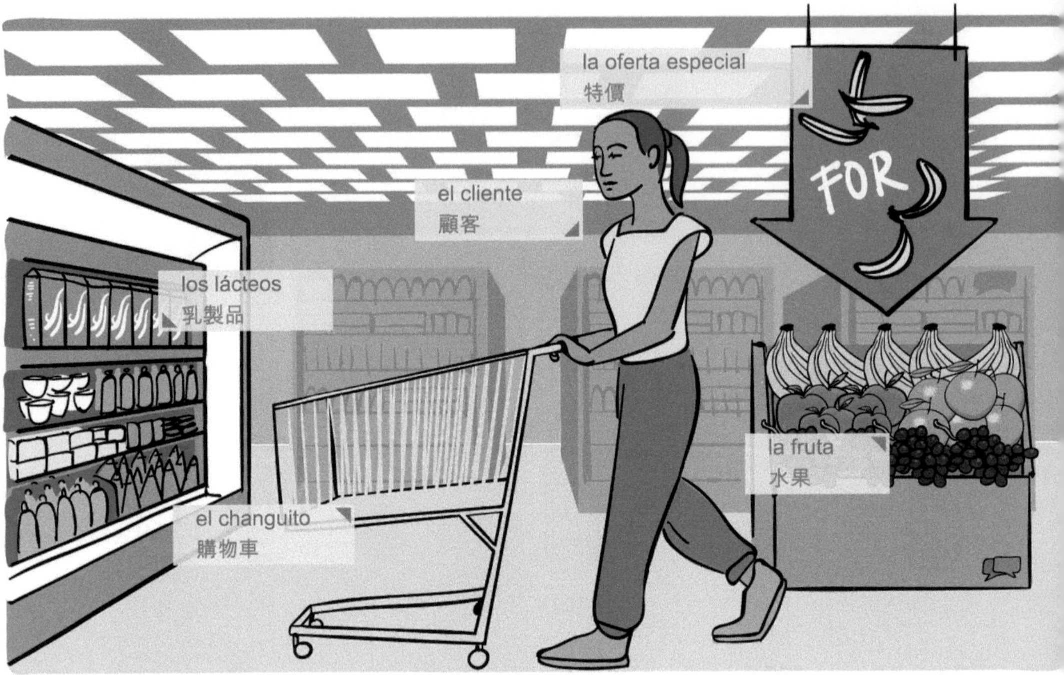

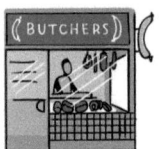

BUTCHERS

la carnicería

肉鋪

BAKERY

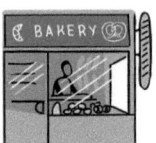

la panadería

麵包店

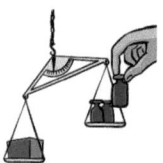

pesar

稱重

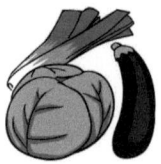

las verduras

蔬菜

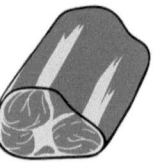

la carne

肉

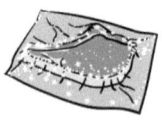

los alimentos congelados

冷凍食品

los fiambres

冷盤

los alimentos enlatados

罐頭食品

el detergente en polvo

洗衣粉

las golosinas

甜食

los electrodomésticos

日用品

los productos de limpieza

清潔用品

la vendedora

銷售員

la caja

收銀機

el cajero

收銀員

la lista de compras

購物清單

el horario de atención

開放時間

la billetera

錢包

la tarjeta de crédito

信用卡

la cartera

袋子

la bolsa de plástico

塑膠袋

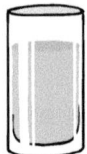

el agua

水

el jugo

果汁

la leche

牛奶

la bebida cola

可樂

el vino

紅酒

la cerveza

啤酒

el alcohol

酒

el cacao

可可

el té

茶

el café

咖啡

el café expreso

義式濃縮咖啡

el cappuccino

卡布奇諾

la banana

香蕉

la manzana

蘋果

la naranja

柳丁

el melón

西瓜

el limón

檸檬

la zanahoria

胡蘿蔔

el ajo

大蒜

el bambú

竹子

la cebolla

洋蔥

el champiñón

蘑菇

las nueces

堅果

los fideos

麵條

los tallarines
義大利麵

el arroz
米飯

la ensalada
沙拉

las papas fritas
薯條

las papas fritas
炸馬鈴薯

la pizza
披薩餅

la hamburguesa
漢堡

el sándwich
三明治

el churrasco
炸豬排

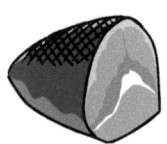

el jamón
火腿

el salame
義大利臘腸

la salchicha
香腸

el pollo
雞肉

el asado
烤肉

el pescado
魚

los copos de avena

燕麥片

el muesli

木斯里

los copos de maíz

玉米片

la harina

麵粉

la medialuna

牛角麵包

el pancito

麵包捲

el pan

麵包

la tostada

吐司

las galletitas

餅乾

la manteca

奶油

la cuajada

凝乳

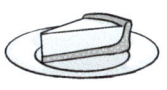

la torta

蛋糕

el huevo

蛋

el huevo frito

煎蛋

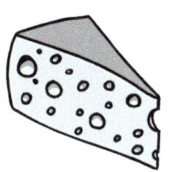

el queso

起司

el helado

冰淇淋

el azúcar

糖

la miel

蜂蜜

la mermelada

果醬

la pasta de chocolate

巧克力醬

el curry

咖哩

la granja

農場

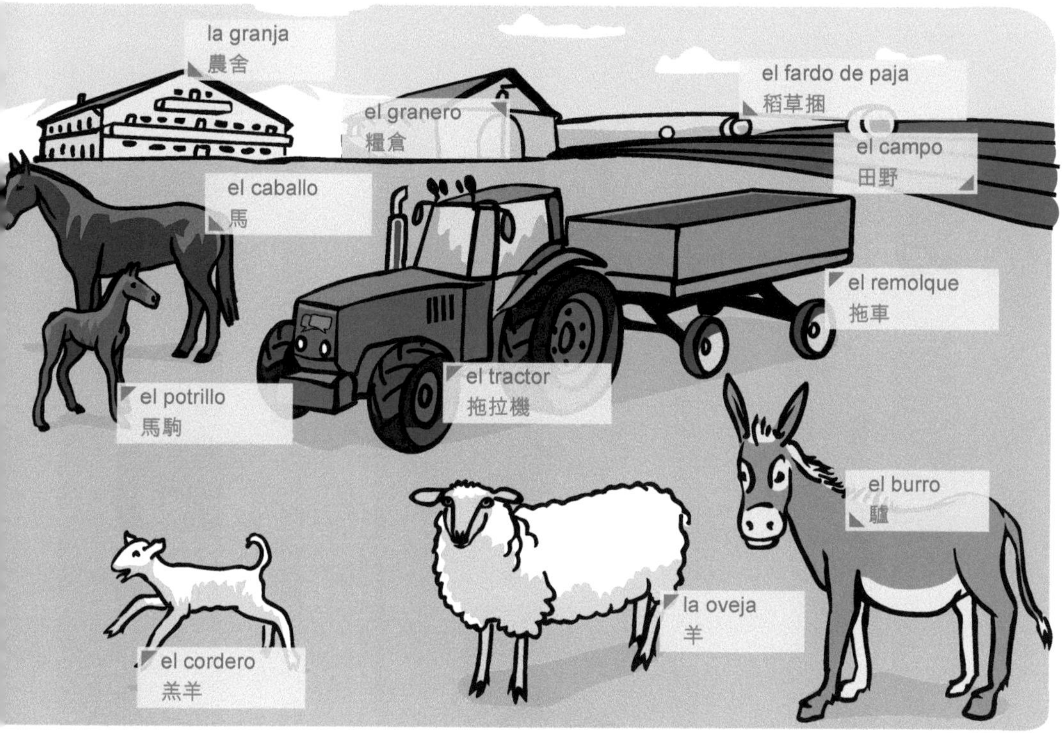

la granja
農舍
el granero
糧倉
el fardo de paja
稻草捆
el campo
田野
el caballo
馬
el remolque
拖車
el tractor
拖拉機
el potrillo
馬駒
el burro
驢
la oveja
羊
el cordero
羔羊

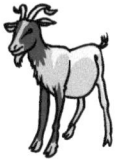

la cabra
山羊

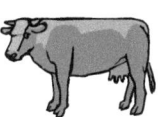

la vaca
奶牛

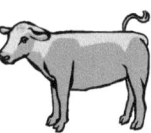

el ternero
小牛

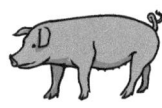

el cerdo
豬

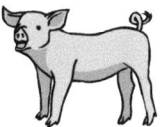

el lechón
小豬

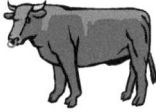

el toro
公牛

el ganso

鵝

el pato

鴨

el pollo

小雞

la gallina

母雞

el gallo

公雞

la rata

鼠

el gato

貓

el ratón

老鼠

el buey

牛

el perro

狗

la cucha

狗屋

la manguera

花園澆水軟管

la regadera

澆水壺

la guadaña

長柄大鐮刀

el arado

犁

la hoz

鐮刀

la azada

鋤頭

la horquilla

長柄草耙

el hacha

斧頭

la carretilla

獨輪手推車

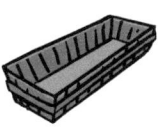

el abrevadero

飼料槽

la lechera

牛奶罐

la bolsa

麻布袋

la reja

柵欄

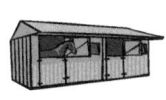

el establo

馬廄

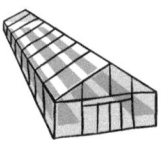

el invernadero

溫室

el suelo

土壤

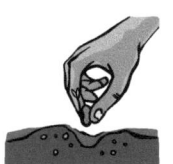

la semilla

種子

el fertilizador

肥料

la cosechadora

聯合收割機

cosechar

收割

la cosecha

收割

las batatas

地瓜

el trigo

小麥

la soja

大豆

la papa

土豆

el maíz

玉米

la semilla de colza

油菜籽

el árbol frutal

果樹

la mandioca

樹薯

los cereales

穀物

la casa

房子

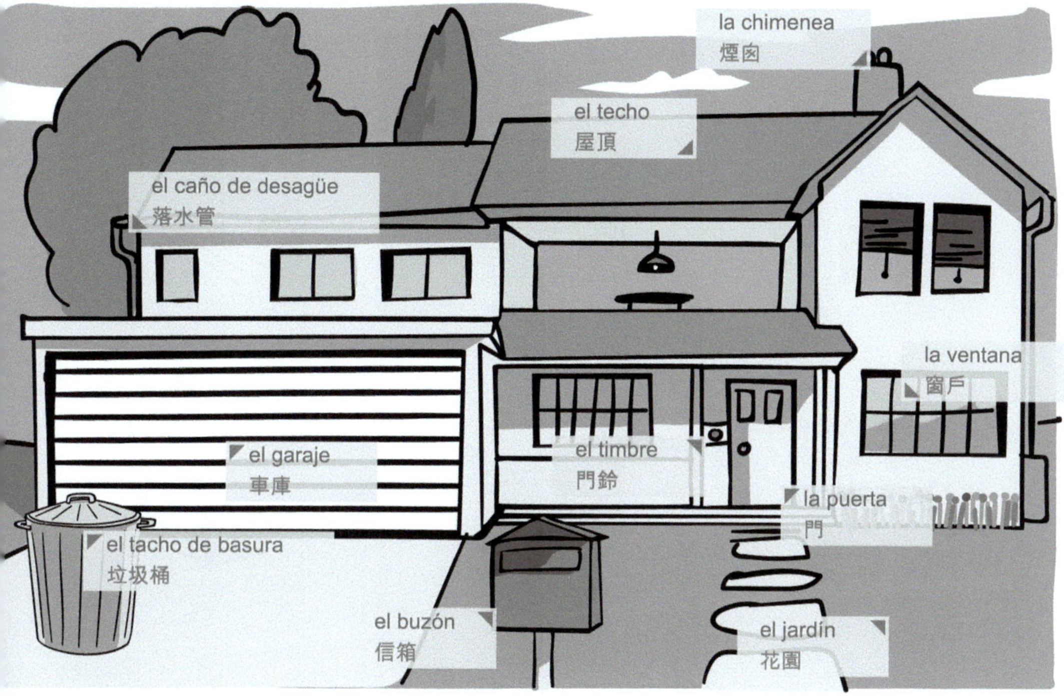

la chimenea
煙囪
el techo
屋頂
el caño de desagüe
落水管
la ventana
窗戶
el garaje
車庫
el timbre
門鈴
la puerta
門
el tacho de basura
垃圾桶
el buzón
信箱
el jardín
花園

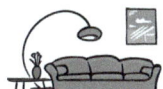

el living

客廳

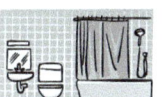

el baño

浴室

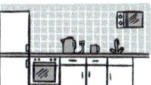

la cocina

廚房

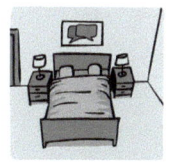

el dormitorio

臥室

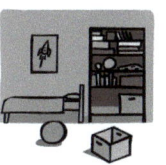

el cuarto de los chicos

兒童房

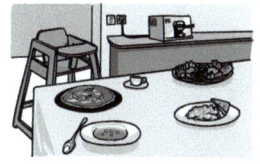

el comedor

餐廳

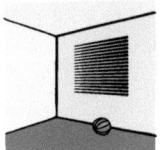

el piso

地板

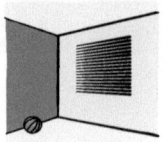

la pared

牆壁

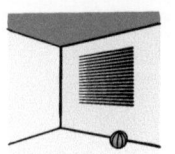

el cielorraso

天花板

el sótano

地窖

el sauna

三溫暖

el balcón

陽臺

la terraza

露臺

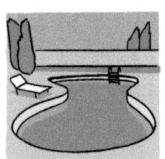

la pileta

游泳池

la cortadora de pasto

割草機

la sábana

被單

el acolchado

床罩

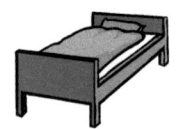

la cama

床

la escoba

掃帚

el balde

水桶

el interruptor

開關

el living
客廳

el empapelado
壁紙
la imagen
相片
la lámpara
檯燈
el estante
擱架
el armario
櫥櫃
la televisión
電視
la chimenea
壁爐
la flor
花
el almohadón
墊子
el sofá
沙發
el florero
花瓶
el control remoto
遙控器

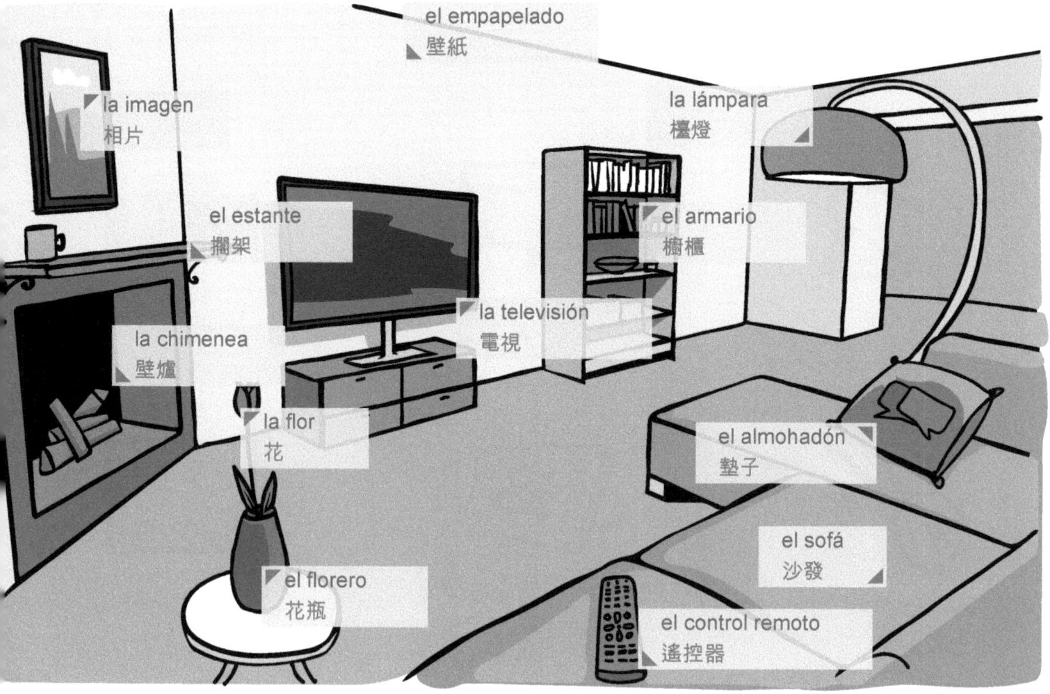

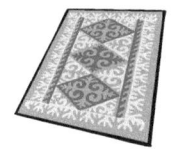

la alfombra
地毯

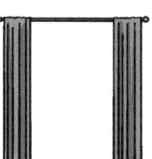

la cortina
窗簾

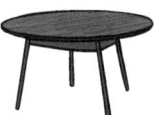

la mesa
餐桌

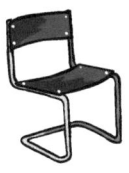

la silla
椅子

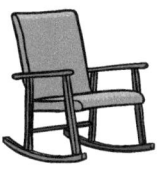

la mecedora
搖椅

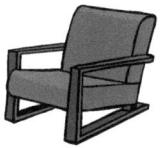

el sillón
扶手椅

el libro

書

la frazada

毯子

la decoración

裝飾品

la leña

木柴

la película

電影

el equipo de música

高傳真音響

la llave

鑰匙

el diario

報紙

la pintura

油畫

el póster

海報

la radio

收音機

el cuaderno

筆記本

la aspiradora

吸塵器

el cactus

仙人掌

la vela

蠟燭

la cocina
廚房

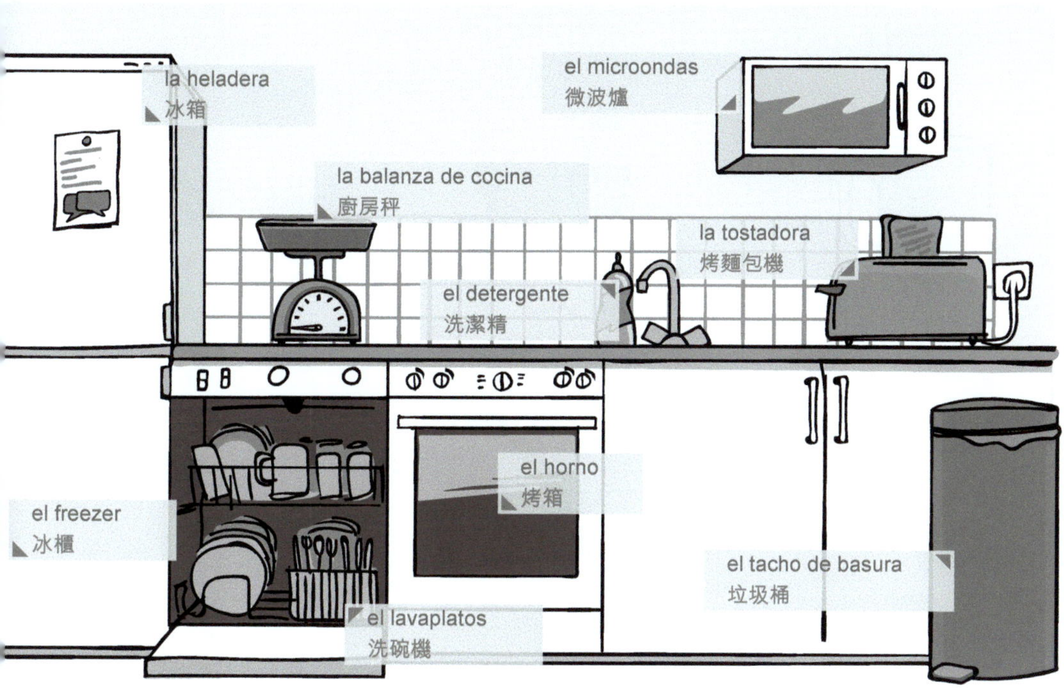

la heladera
冰箱
el microondas
微波爐
la balanza de cocina
廚房秤
la tostadora
烤麵包機
el detergente
洗潔精
el horno
烤箱
el freezer
冰櫃
el tacho de basura
垃圾桶
el lavaplatos
洗碗機

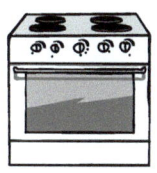

la cocina
炊具

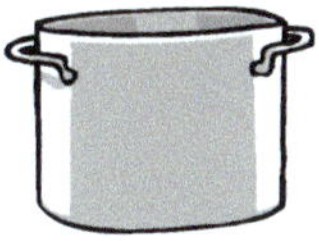

la olla
鍋

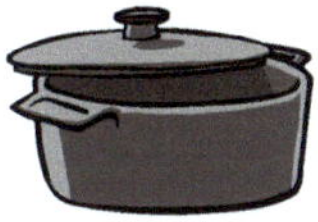

la olla de hierro fundido
鑄鐵鍋

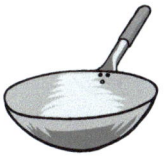

el wok
炒鍋

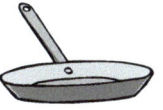

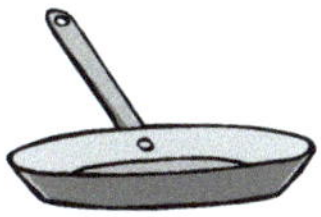

la sartén
平底鍋

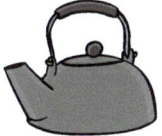

la pava
水壺

la vaporera

蒸鍋

la bandeja de horno

烤盤

la vajilla

陶瓷鍋

la taza

馬克杯

el bol

碗

los palitos

筷子

el cucharón

長柄勺

la espátula

鏟子

la batidora

攪拌器

el colador

濾網

el colador

篩子

el rallador

磨碎機

el mortero

研缽

la parrilla

燒烤

la fogata

明火

la tabla de picar

菜板

el palo de amasar

擀麵杖

el sacacorchos

開瓶器

la lata

罐子

el abrelatas

開罐器

la manopla

隔熱手套

la pileta

水槽

el cepillo

刷子

la esponja

海綿

la batidora

攪拌機

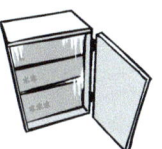

el congelador

冷藏箱

la mamadera

奶瓶

la canilla

水龍頭

el baño
浴室

la calefacción
供暖裝置
la toalla
毛巾
la ducha
淋浴
la cortina de la ducha
浴簾
el baño de espuma
泡沫浴
la bañadera
浴缸
el vaso
玻璃杯
el lavarropas
洗衣機
la canilla
水龍頭
las baldosas
瓷磚
la pelela
便壺
la pileta
水槽

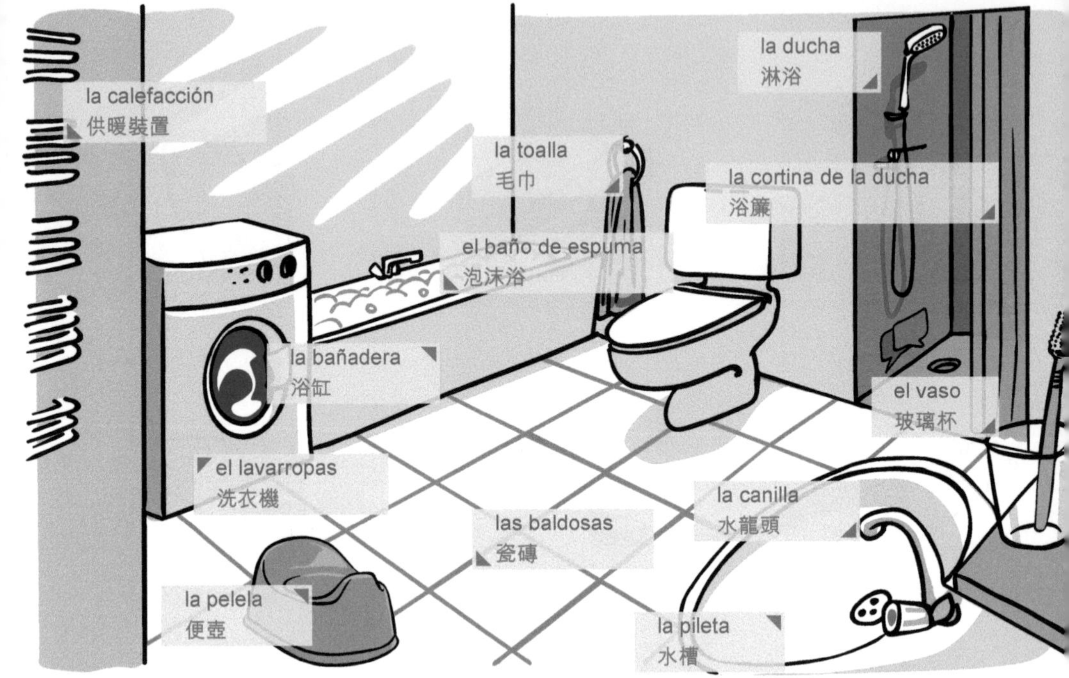

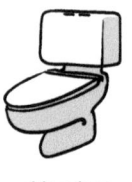

el inodoro
廁所

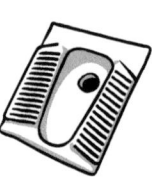

la letrina
蹲便器

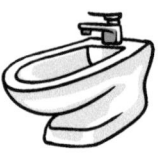

el bidé
坐浴器

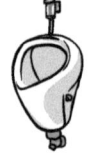

el mingitorio
小便斗

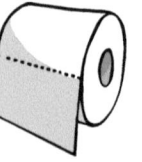

el papel higiénico
廁紙

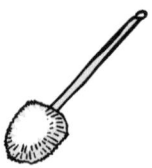

el cepillo para el inodoro
馬桶刷

el cepillo de dientes

牙刷

el dentífrico

牙膏

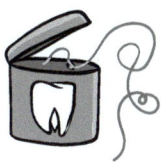

el hilo dental

牙線

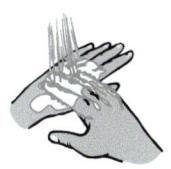

lavar

洗

la ducha de mano

手持式蓮蓬頭

la ducha higiénica

沖洗器

la palangana

洗臉盆

el cepillo para la espalda

洗背刷

el jabón

肥皂

el gel de ducha

沐浴露

el shampoo

洗髮乳

la toallita

法蘭絨

el desagüe

排水

la crema

乳霜

el desodorante

除臭劑

el espejo
鏡子

el espejito
手鏡

la maquinita de afeitar
刮鬍刀

la espuma de afeitar
刮鬍泡沫

el aftershave
鬚後水

el peine
梳子

el cepillo
刷子

el secador de pelo
吹風機

el spray
噴髮定型劑

el maquillaje
化妝品

el lápiz de labios
唇膏

el esmalte para uñas
指甲油

el algodón
化妝棉

la tijera para uñas
指甲剪

el perfume
香水

el portacosméticos

洗漱包

la banqueta

凳子

la balanza

計重秤

la bata

浴袍

los guantes de goma

橡膠手套

el tampón

衛生棉條

la toallita femenina

衛生棉

el baño químico

化學廁所

el cuarto de los chicos

兒童房

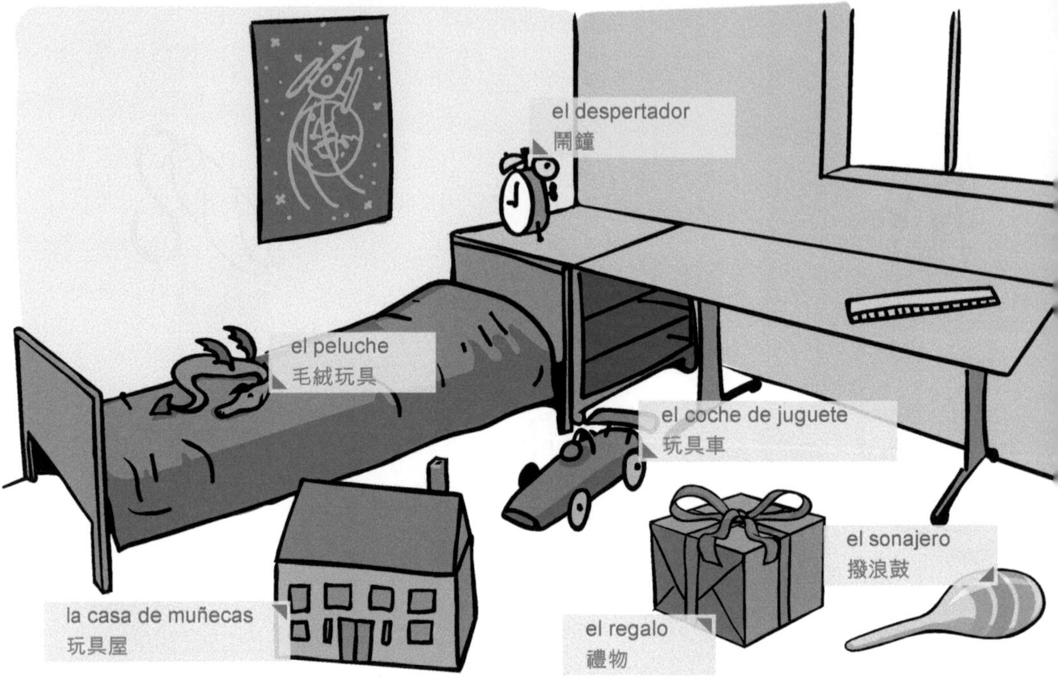

el despertador
鬧鐘
el peluche
毛絨玩具
el coche de juguete
玩具車
el sonajero
撥浪鼓
la casa de muñecas
玩具屋
el regalo
禮物

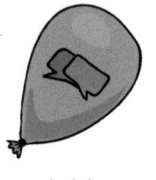

el globo

氣球

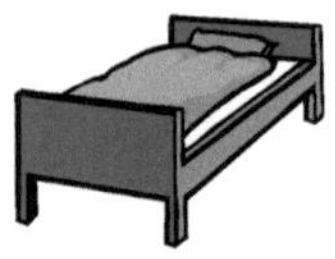

la cama

床

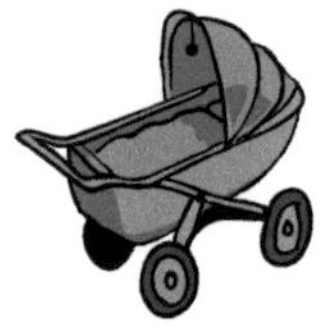

el cochecito

嬰兒車

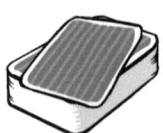

las cartas

撲克牌

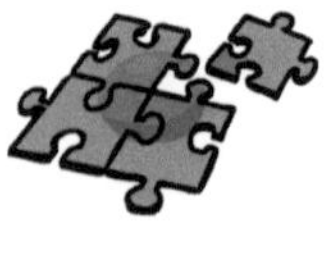

el rompecabezas

拼圖

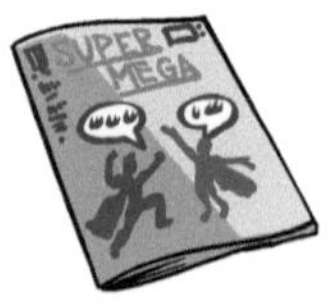

SUPER
MEGA

la historieta

漫畫

las piezas de lego

樂高積木

los ladrillos de juguete

積木玩具

la figura de acción

公仔

el enterito (de bebé)

嬰兒服

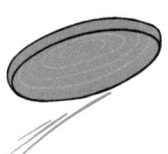

el frisbee

飛盤

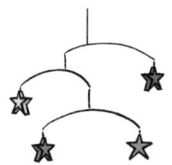

el móvil para bebés

床鈴玩具

el juego de mesa

棋盤遊戲

los dados

骰子

el tren eléctrico

火車模型

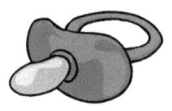

el chupete

安撫奶嘴

la fiesta

派對

el libro de cuentos ilustrado

繪本

la pelota

球

la muñeca

洋娃娃

jugar

玩

el arenero

沙坑

la hamaca

鞦韆

los juguetes

玩具

la consola de videojuegos

電玩遊戲

el triciclo

三輪車

el osito de peluche

泰迪熊

el armario

衣櫃

la ropa

衣服

las medias

襪子

las medias panty

長襪

las calzas

緊身褲

la bufanda
圍巾

el paraguas
雨傘

la remera
T恤

el cinturón
皮帶

las botas
靴子

las pantuflas
拖鞋

las zapatillas
運動鞋

las sandalias
....
涼鞋

los zapatos
....
鞋

las botas de goma
....
雨靴

la ropa interior
....
內褲

el corpiño
....
胸罩

el chaleco
....
背心

la ropa - 衣服

45

el body

身體

los pantalones

褲子

los jeans

牛仔褲

la pollera

短裙

la blusa

女式襯衫

la camisa

襯衫

el pulóver

套頭衫

el buzo

連帽上衣

el blazer

西裝夾克

la campera

夾克

el tapado

外套

el piloto

雨衣

el traje

套裝

el vestido

連衣裙

el vestido de novia

婚紗

el traje

西裝

el camisón

睡袍

el pijama

睡衣

el sari

莎麗

el pañuelo para la cabeza

頭巾

el turbante

包頭巾

la burka

波卡

el caftán

卡夫坦

la abaya

(阿拉伯式)長袍

el traje de baño

泳衣

el short de baño

男式泳褲

los shorts

短褲

el jogging

運動服

el delantal

圍裙

los guantes

手套

la ropa - 衣服

el botón

鈕扣

los anteojos

眼鏡

la pulsera

手鏈

el collar

項鍊

el anillo

戒指

el aro

耳環

la gorra

便帽

la percha

衣架

el sombrero

帽子

la corbata

領帶

el cierre

拉鍊

el casco

安全帽

los tiradores

背帶

el uniforme escolar

校服

el uniforme

制服

el babero

圍兜

el chupete

安撫奶嘴

el pañal

尿布

la oficina
辦公室

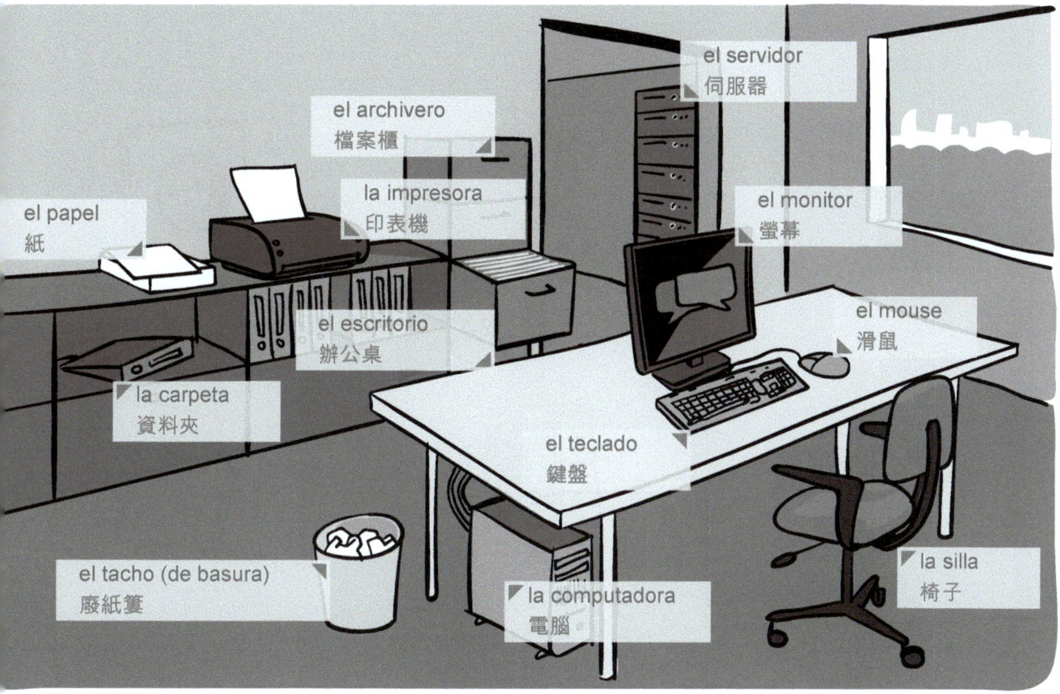

el servidor
伺服器

el archivero
檔案櫃

la impresora
印表機

el monitor
螢幕

el papel
紙

el mouse
滑鼠

el escritorio
辦公桌

la carpeta
資料夾

el teclado
鍵盤

el tacho (de basura)
廢紙簍

la computadora
電腦

la silla
椅子

la taza de café

咖啡杯

la calculadora

計算機

el internet

網際網路

la laptop

筆記型電腦

la carta

信件

el mensaje

簡訊

el celular

行動電話

la red

網路

la fotocopiadora

影印機

el software

軟體

el teléfono

電話

el tomacorriente

插座

el fax

傳真機

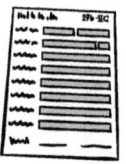

el formulario

表格

el documento

檔案

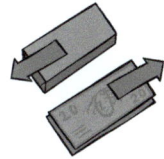

comprar

買

pagar

付錢

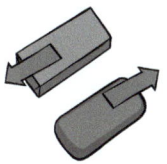

hacer negocios

交易

el dinero

現金

el dólar

美元

el euro

歐元

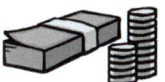

el yen

日元

el rublo

盧布

el franco suizo

瑞士法郎

el yuan

人民幣

la rupia

盧比

el cajero automático

提款處

la casa de cambio

外幣兌換處

el oro

金

la plata

銀

el petróleo

石油

la energía

能源

el precio

價格

el contrato

合約

el impuesto

稅金

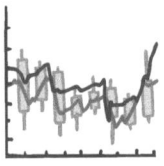

la acción

股票

trabajar

工作

el empleado

職員

el empleador

老闆

la fábrica

工廠

el negocio

商店

las ocupaciones

職業

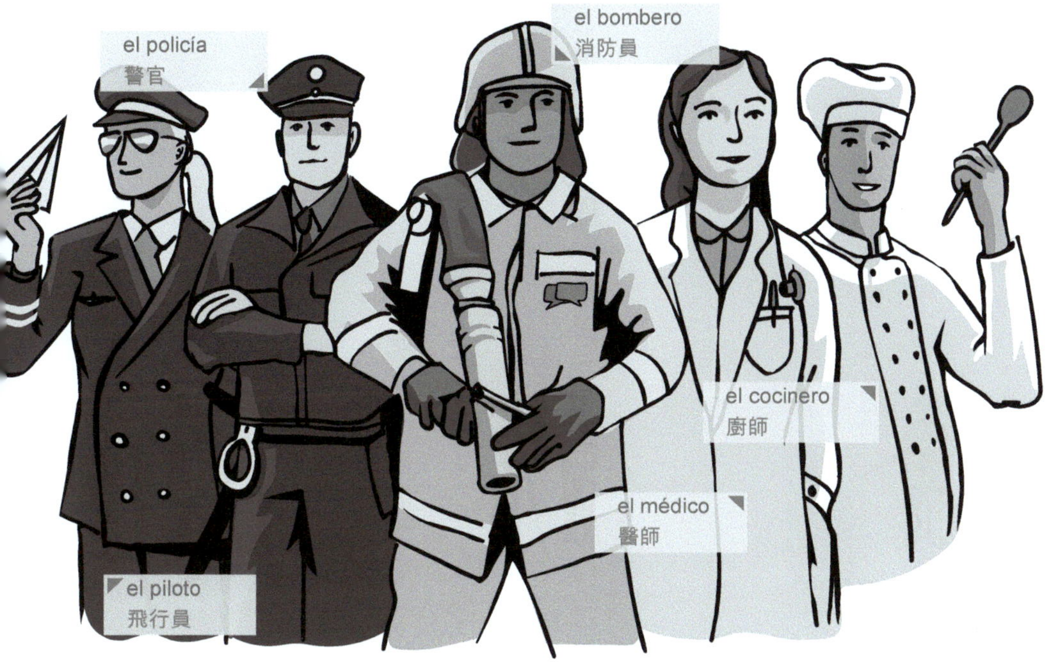
el policía
警官
el bombero
消防員
el cocinero
廚師
el médico
醫師
el piloto
飛行員

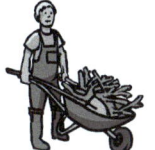

el jardinero

園丁

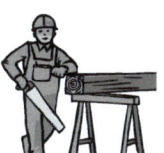

el carpintero

木匠

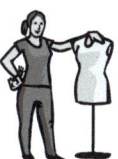

la modista

裁縫

el juez

法官

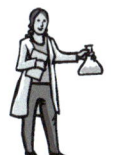

el farmacéutico

化學家

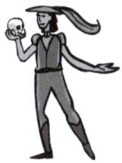

el actor

演員

el colectivero

公車司機

el taxista

計程車司機

el pescador

漁夫

la mucama

清洗女工

el techista

屋頂工

el mozo

服務生

el cazador

獵人

el pintor

畫家

el panadero

麵包師

el electricista

電工

el albañil

建築工人

el ingeniero

工程師

el carnicero

屠夫

el plomero

水管工

el cartero

郵差

el soldado

士兵

el arquitecto

建築師

el cajero

收銀員

el florista

花農

el peluquero

理髮師

el cobrador

售票員

el mecánico

機械技師

el capitán

船長

el dentista

牙醫

el científico

科學家

el rabino

拉比

el imán

伊瑪目

el monje

和尚

el sacerdote

牧師

las herramientas

工具

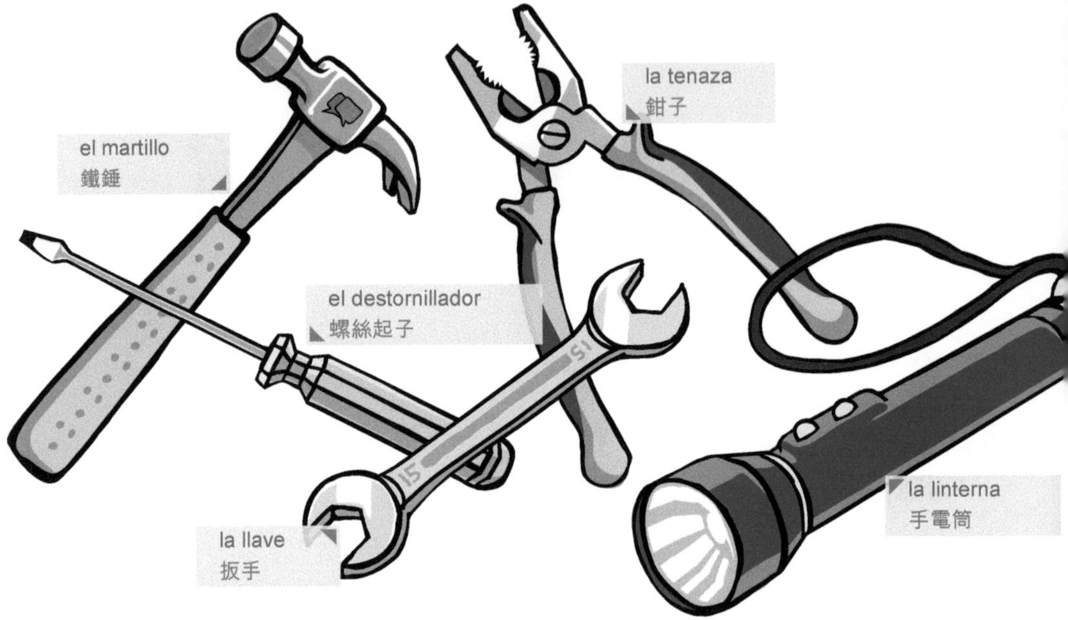

la tenaza
鉗子
el martillo
鐵錘
el destornillador
螺絲起子
la llave
扳手
la linterna
手電筒

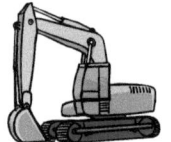

la excavadora

挖掘機

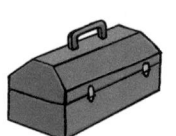

la caja de herramientas

工具箱

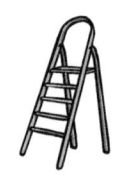

la escalera portátil

梯子

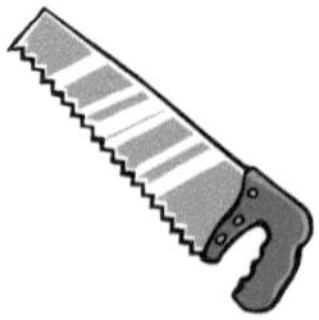

la sierra

鋸子

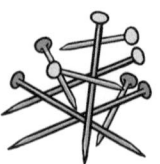

los clavos

釘子

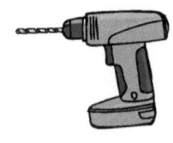

el taladro

鑽機

arreglar

修

la pala de jardín

鏟子

¡Qué bronca!

糟糕！

la pala de plástico

畚箕

el tacho de pintura

油漆桶

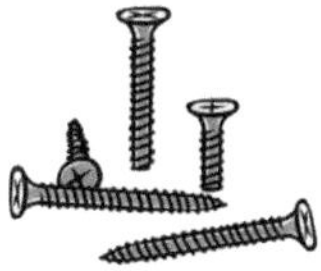

los tornillos

螺絲

los instrumentos musicales

樂器

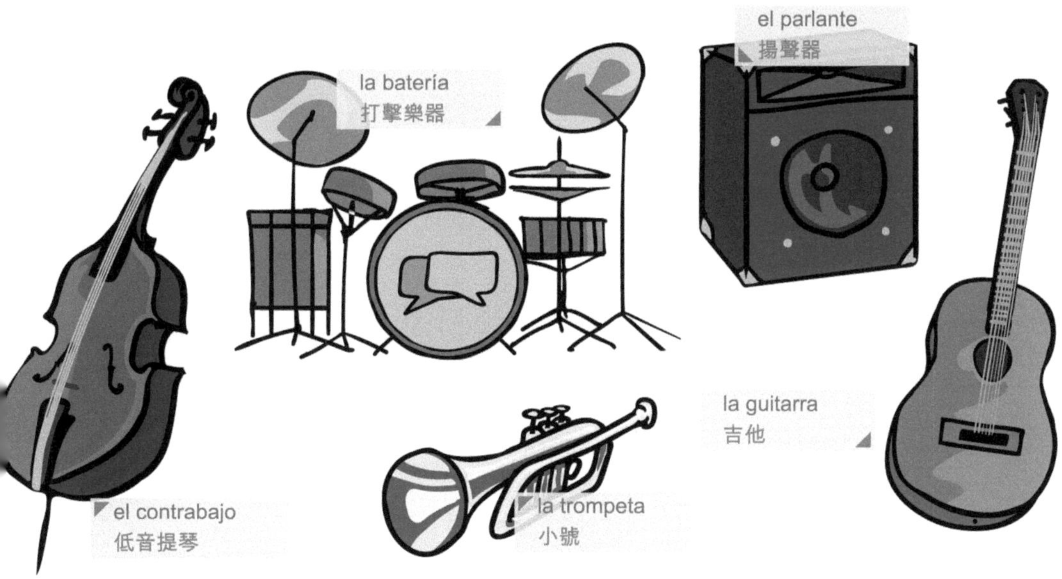

el parlante
揚聲器

la batería
打擊樂器

la guitarra
吉他

el contrabajo
低音提琴

la trompeta
小號

el piano

鋼琴

el violín

小提琴

el bajo

貝斯

los timbales

定音鼓

el tambor

鼓

el teclado

電子琴

el saxofón

薩克斯風

la flauta

長笛

el micrófono

麥克風

el zoológico
動物園

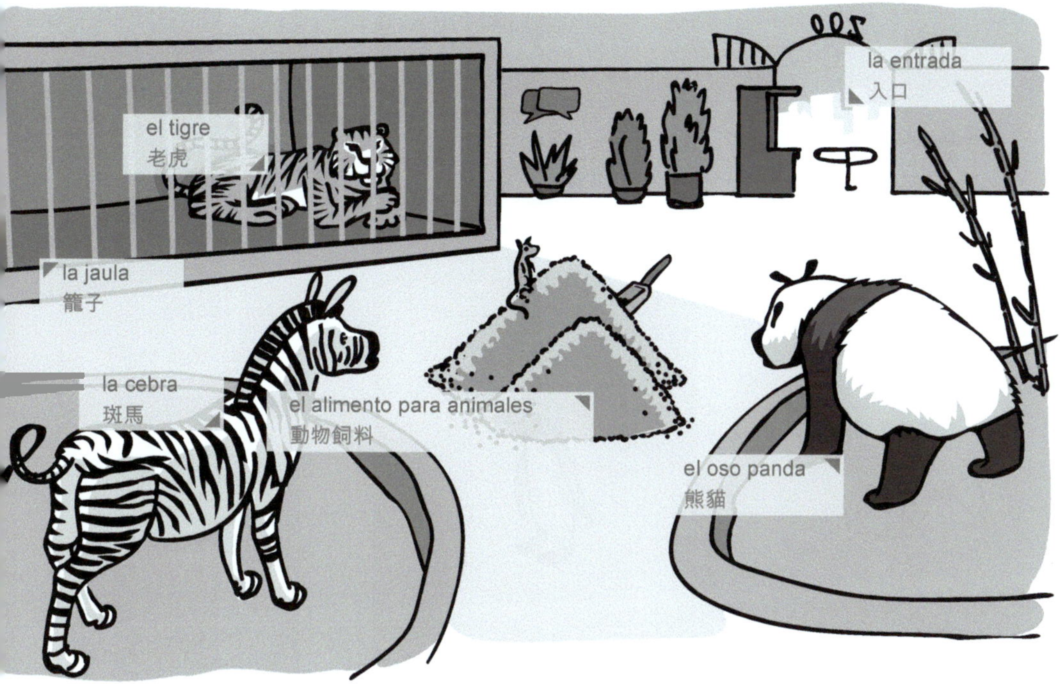

el tigre
老虎
la entrada
入口
la jaula
籠子
la cebra
斑馬
el alimento para animales
動物飼料
el oso panda
熊貓

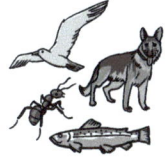

los animales
動物

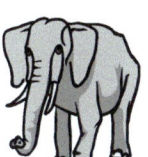

el elefante
大象

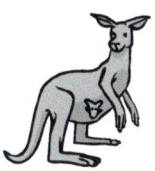

el canguro
袋鼠

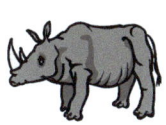

el rinoceronte
犀牛

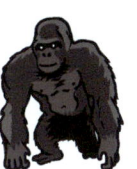

el gorila
大猩猩

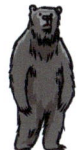

el oso
熊

el camello

駱駝

el avestruz

鴕鳥

el león

獅子

el mono

猴子

el flamenco

紅鶴

el loro

鸚鵡

el oso polar

北極熊

el pingüino

企鵝

el tiburón

鯊魚

el pavo real

孔雀

la serpiente

蛇

el cocodrilo

鱷魚

el cuidador del zoológico

動物園管理員

la foca

海豹

el jaguar

美洲豹

el poni

矮種馬

el leopardo

豹

el hipopótamo

河馬

la jirafa

長頸鹿

el águila

老鷹

el jabalí

野豬

el pescado

魚

la tortuga

龜

la morsa

海象

el zorro

狐狸

la gacela

羚羊

el fútbol americano
橄欖球

el ciclismo
騎腳踏車

el tenis
網球

el básquet
籃球

la natación
游泳

el boxeo
拳擊

el hockey sobre hielo
冰球

el fútbol
美式足球

el bádminton
羽毛球

el atletismo
田徑

el handball
手球

el esquí
滑雪

el polo
馬球

saltar
跳

reír
笑

abrazar
擁抱

caminar
走路

cantar
唱

soñar
做夢

rezar
祈禱

besar
親吻

escribir	dibujar	mostrar
書寫	畫	展示

presionar	dar	tomar
推	給	拿

tener

有

hacer

做

ser

當

estar parado

站

correr

跑

tirar

拉

tirar

丟

caer

摔倒

estar acostado

躺

esperar

等待

llevar

攜帶

estar sentado

坐

vestirse

穿衣

dormir

睡覺

despertar

醒來

mirar

看

llorar

哭

acariciar

擊

peinar

梳頭

hablar

交談

entender

明白

preguntar

問

escuchar

聽

beber

喝

comer

吃

ordenar

清理

amar

愛

cocinar

做飯

manejar

開車

volar

飛

navegar

航行

calcular

計算

leer

讀

aprender

學習

trabajar

工作

casarse

結婚

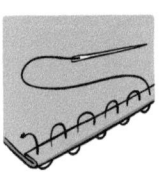

coser

縫

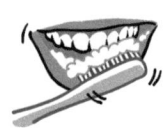

cepillarse los dientes

刷牙

matar

殺

fumar

抽菸

enviar

寄

la familia

家

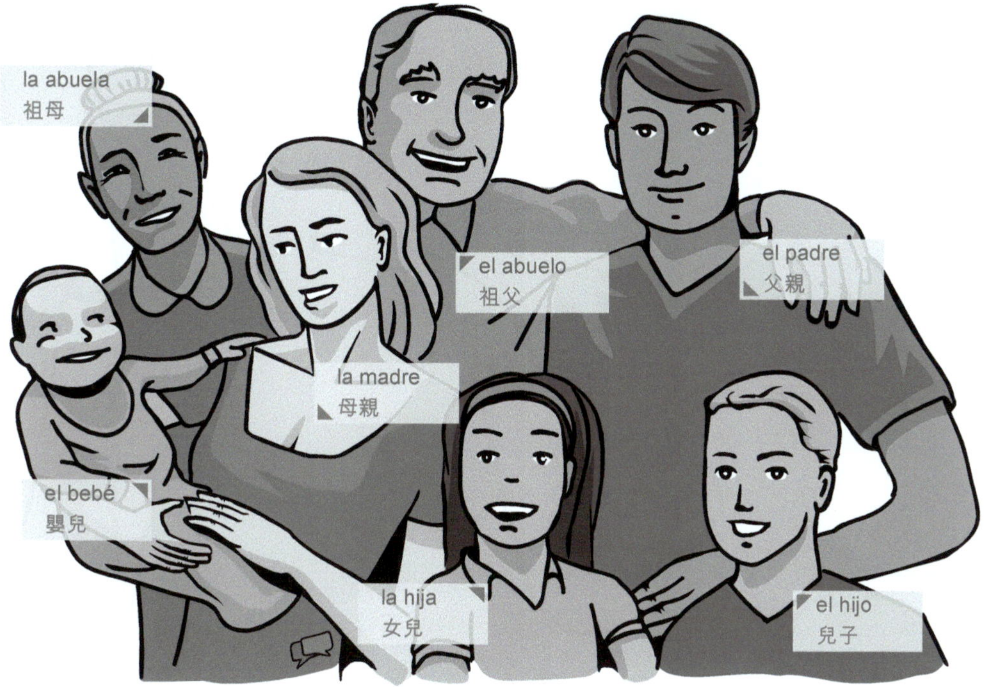

la abuela
祖母
el abuelo
祖父
el padre
父親
la madre
母親
el bebé
嬰兒
la hija
女兒
el hijo
兒子

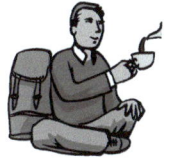

el invitado

客人

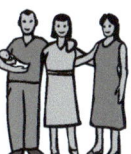

la tía

阿姨

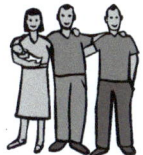

el tío

叔叔

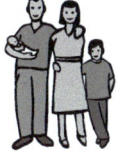

el hermano

兄弟

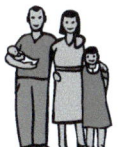

la hermana

姐妹

el cuerpo
身體

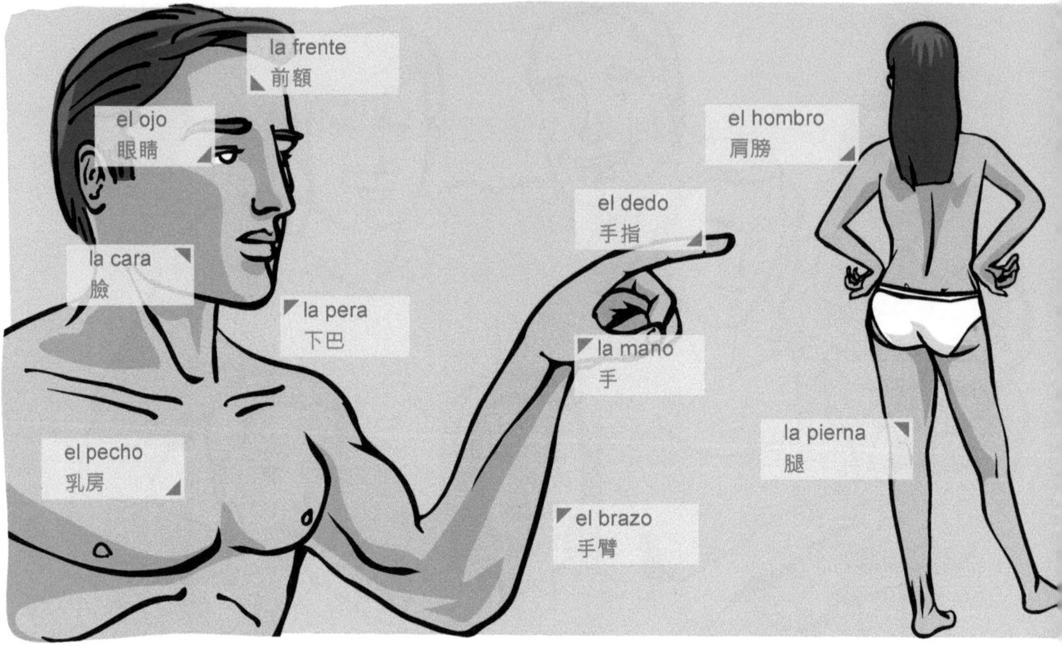

la frente
前額

el ojo
眼睛

el hombro
肩膀

el dedo
手指

la cara
臉

la pera
下巴

la mano
手

el pecho
乳房

la pierna
腿

el brazo
手臂

el bebé
嬰兒

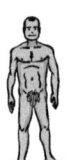

el hombre
男人

la mujer
女人

la nena
女孩

el nene
男孩

la cabeza
頭

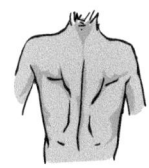

la espalda

背部

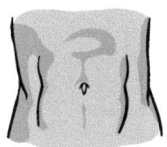

la panza

肚子

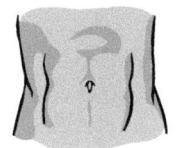

el ombligo

肚臍

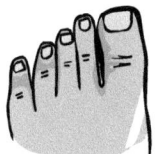

el dedo del pie

腳趾

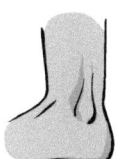

el talón

腳後跟

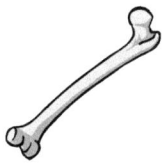

el hueso

骨頭

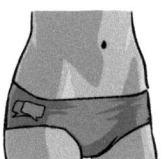

la cadera

臀部

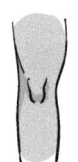

la rodilla

膝蓋

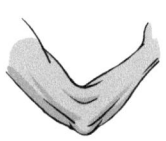

el codo

手肘

la nariz

鼻子

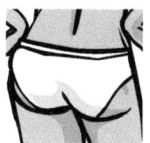

la cola

屁股

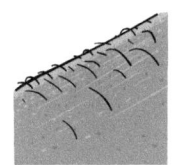

la piel

皮膚

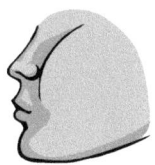

el cachete

臉頰

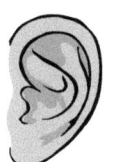

la oreja

耳朵

el labio

嘴唇

la boca

嘴

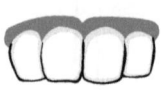

el diente

牙齒

la lengua

舌頭

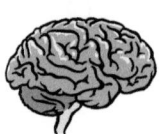

el cerebro

腦

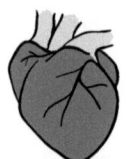

el corazón

心臟

el músculo

肌肉

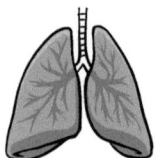

el pulmón

肺

el hígado

肝臟

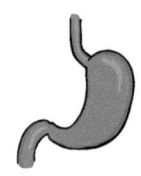

el estómago

胃

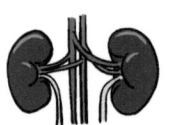

los riñones

腎臟

el sexo

性交

el preservativo

保險套

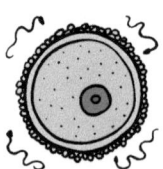

el óvulo

卵子

el semen

精子

el embarazo

懷孕

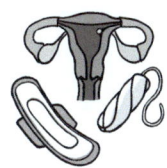

la menstruación

月事

la vagina

陰道

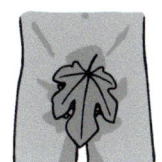

el pene

陰莖

la ceja

眉毛

el pelo

頭髮

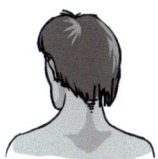

el cuello

脖子

el hospital
醫院

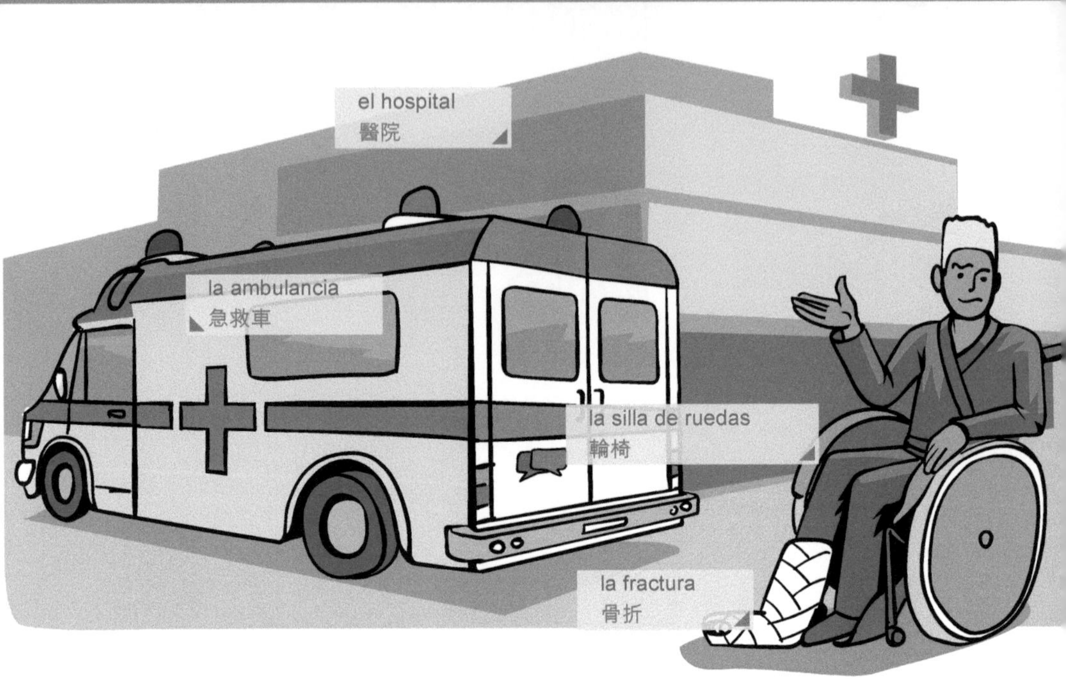

el hospital
醫院
la ambulancia
急救車
la silla de ruedas
輪椅
la fractura
骨折

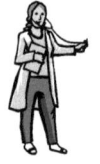

el médico

醫師

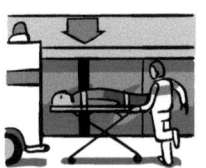

la sala de guardia

急診室

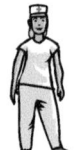

la enfermera

護理師

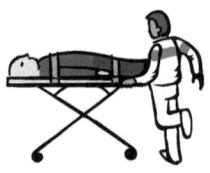

la emergencia

緊急情形

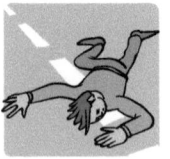

inconsciente

昏迷

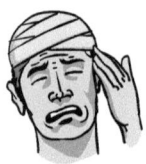

el dolor

痛

la lesión

受傷

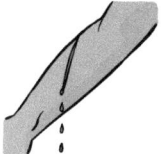

la hemorragia

出血

el infarto

心臟病發作

el ACV

中風

la alergia

過敏

la tos

咳嗽

la fiebre

發燒

la gripe

流感

la diarrea

腹瀉

el dolor de cabeza

頭痛

el cáncer

癌症

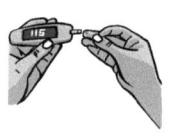

la diabetes

糖尿病

el cirujano

外科醫師

el bisturí

手術刀

la operación

手術

la TC

電腦斷層掃描

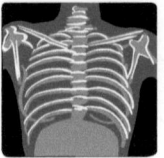

los rayos x

X光

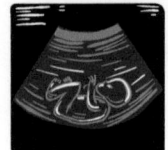

la ecografía

超音波

el barbijo

口罩

la enfermedad

疾病

la sala de espera

候診室

la muleta

拐杖

la curita

石膏

la venda

繃帶

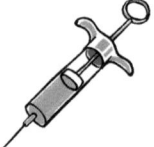

la inyección

注射

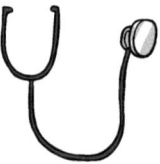

el estetoscopio

聽診器

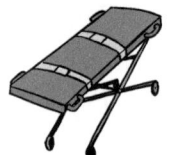

la camilla

擔架

el termómetro

體溫計

el nacimiento

出生

el sobrepeso

超重

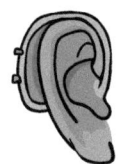

el audífono

助聽器

el desinfectante

消毒液

la infección

感染

el virus

病毒

el VIH / SIDA

愛滋病

el remedio

藥物

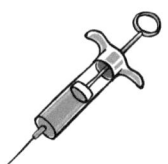

la vacunación

接種疫苗

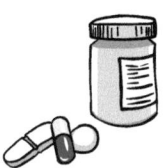

los comprimidos

藥片

la pastilla anticonceptiva

藥丸

la llamada de emergencia

急救電話

el tensiómetro

血壓計

enfermo / sano

生病/健康

¡Ayuda!

救命！

la alarma

警報

la agresión

突擊

el ataque

攻擊

el peligro

危險

la salida de emergencia

緊急出口

¡Fuego!

失火了！

el matafuego

滅火器

el accidente

意外

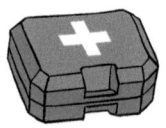

el botiquín de primeros auxilios

急救箱

el SOS

呼救訊號

la policía

員警

Europa

歐洲

América del Norte

北美洲

América del Sur

南美洲

África

非洲

Asia

亞洲

Australia

澳洲

el Atlántico

大西洋

el Pacífico

太平洋

el Océano Índico

印度洋

el Océano Antártico

南冰洋

el Océano Ártico

北冰洋

el polo norte

北極

el polo sur

南極

la Antártida

南極洲

la Tierra

地球

la tierra

陸地

el mar

海

la isla

島

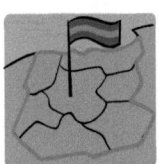

la nación

國家

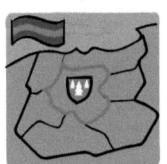

el estado

州

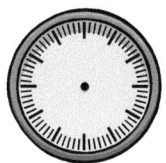

la esfera

錶盤

la manecilla de las horas

時針

el minutero

分針

el segundero

秒針

¿Qué hora es?

現在幾點？

el día

天

la hora

時間

ahora

現在

el reloj digital

電子錶

el minuto

分

la hora

時

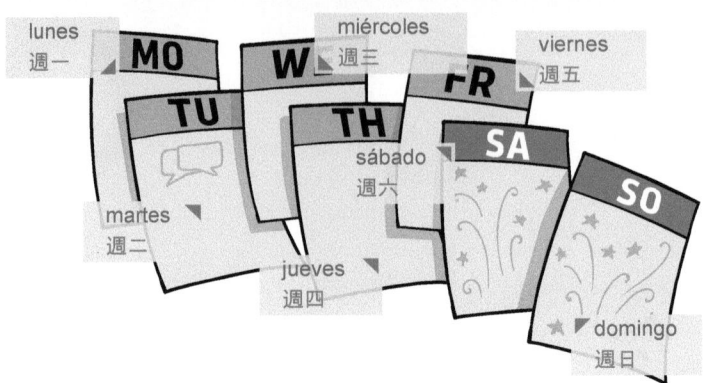

lunes
週一

miércoles
週三

viernes
週五

martes
週二

jueves
週四

sábado
週六

domingo
週日

ayer

昨天

hoy

今天

mañana

明天

la mañana

早晨

el mediodía

中午

la tarde

晚上

los días hábiles

工作日

el fin de semana

週末

el año

年

el arco iris
彩虹
la lluvia
雨
la nieve
雪
el viento
風
la primavera
春
el otoño
秋
el verano
夏
el invierno
冬

4.APRIL 11°
5.APRIL 4°
6.APRIL 13°
7.APRIL 8°
8.APRIL 10°

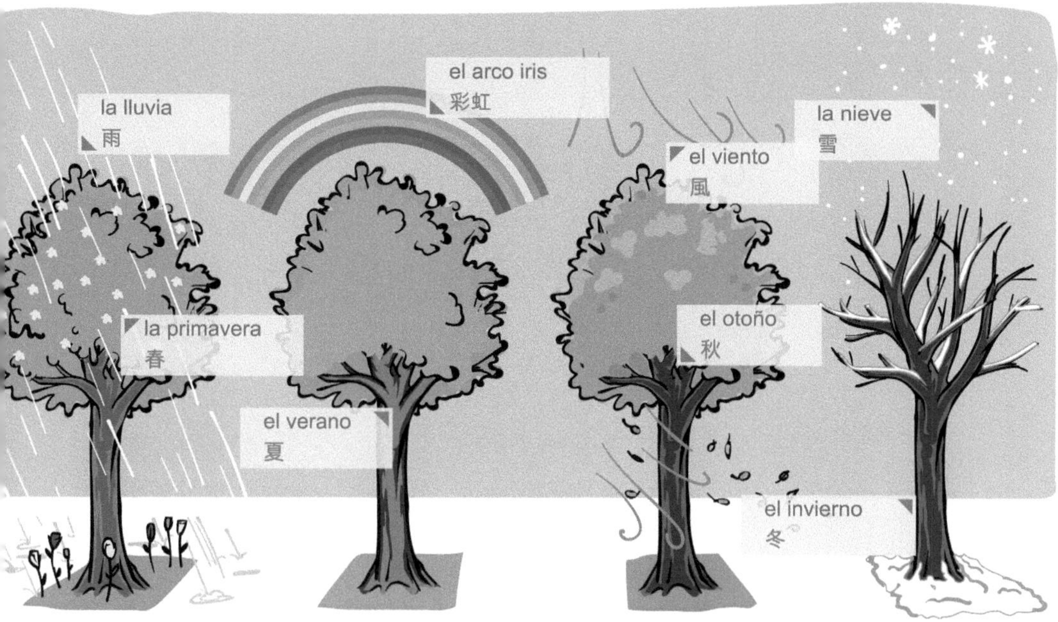

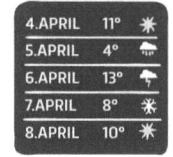

pronóstico meteorológico

天氣預告

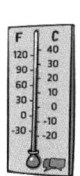

F
C
120
90
60
30
0
-30
40
30
20
10
0
-10
-20

el termómetro

溫度計

la luz del sol

陽光

la nube

雲

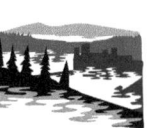

la niebla

霧

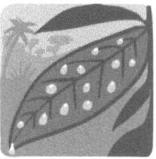

la humedad

潮濕

el rayo

閃電

el trueno

打雷

la tormenta

風暴

el granizo

冰雹

el monzón

季風

la inundación

洪水

el hielo

冰

enero

一月

febrero

二月

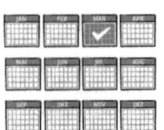

marzo

三月

abril

四月

mayo

五月

junio

六月

julio

七月

agosto

八月

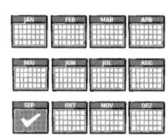

septiembre
九月

octubre
十月

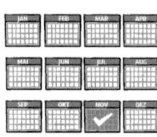

noviembre
十一月

diciembre
十二月

las formas
形狀

el círculo
圓形

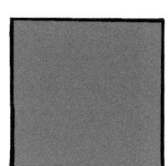

el cuadrado
正方形

el rectángulo
長方形

el triángulo
三角形

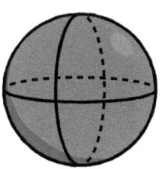

la esfera
球體

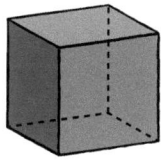

el cubo
立方體

blanco

白

amarillo

黃

naranja

橙

rosa

粉

rojo

紅

violeta

紫

azul

藍

verde

綠

marrón

棕

gris

灰

negro

黑

mucho / poco

很多/少許

enojado / tranquilo

生氣/平靜

lindo / feo

美/醜

el principio / el fin

首/尾

grande / chico

大/小

claro / oscuro

明/暗

el hermano / la hermana

兄弟/姐妹

limpio / sucio

乾淨/骯髒

completo / incompleto

完整/缺失

el día / la noche

白天/晚上

muerto / vivo

死/生

ancho / angosto

寬/窄

comestible / no comestible

可食用/非食用

malo / amable

邪惡/善良

entusiasmado / aburrido

興奮/無聊

gordo / flaco

胖/瘦

primero / último

第一/最後

el amigo / el enemigo

朋友/敵人

lleno / vacío

滿/空

duro / blando

硬/軟

pesado / liviano

重/輕

el hambre / la sed

餓/渴

enfermo / sano

生病/健康

ilegal / legal

非法/合法

inteligente / estúpido

聰明/愚笨

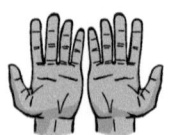

izquierda / derecha

左/右

cerca / lejos

近/遠

nuevo / usado

新/舊

nada / algo

沒有/有些

viejo / joven

老/幼

encendido / apagado

開/關

abierto / cerrado

打開/闔上

silencioso / ruidoso

安靜/吵鬧

rico / pobre

富/窮

correcto / incorrecto

對/錯

áspero / suave

粗糙/光滑

triste / contento

傷心/高興

corto / largo

短/長

lento / rápido

慢/快

mojado / seco

濕/乾

caliente / frío

溫暖/涼爽

guerra / paz

戰爭/和平

los números

數字

0

cero

零

1

uno

一

2

dos

二

3

tres

三

4

cuatro

四

5

cinco

五

6

seis

六

7

siete

七

8

ocho

八

9

nueve

九

10

diez

十

11

once

十一

12
doce
十二

13
trece
十三

14
catorce
十四

15
quince
十五

16
dieciséis
十六

17
diecisiete
十七

18
dieciocho
十八

19
diecinueve
十九

20
veinte
二十

100
cien
百

1.000
mil
千

1.000.000
el millón
百萬

los números - 數字

los idiomas
語言

el inglés

英語

el inglés americano

美式英語

el chino mandarín

普通話

el hindi

印地語

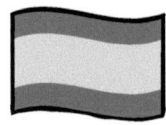

el español

西班牙語

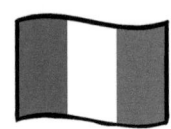

el francés

法語

el árabe

阿拉伯語

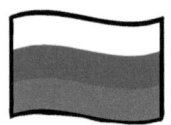

el ruso

俄語

el portugués

葡萄牙語

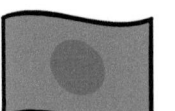

el bengalí

孟加拉語

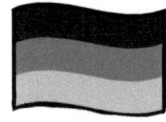

el alemán

德語

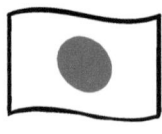

el japonés

日語

yo

我

vos

你

él / ella

他/她/它

nosotros

我們

ustedes

你們

ellos

他們

¿quién?

誰？

¿qué?

什麼？

¿cómo?

如何？

¿dónde?

何處？

¿cuándo?

何時？

el nombre

名字

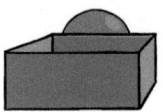

detrás

後面

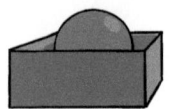

en

裡面

adelante de

前面

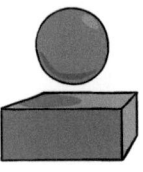

por encima de

上方

sobre

上面

debajo de

下麵

al lado de

旁邊

entre

中間

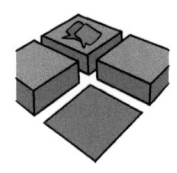

el lugar

地點